Patrice Ras

Das kleine Übungsheft

Geheimnisse der Körpersprache verstehen

Aus dem Französischen von
Claudia Seele-Nyima

Illustrationen von Jean Augagneur

TRINITY

Patrice Ras lebt in Paris und widmet sich als Coach, Therapeut und Dozent seit mehr als 20 Jahren den Themen Persönlichkeitsentwicklung und Karriereberatung. Er ist Autor zahlreicher Bücher und gibt sein Wissen an eine breite Leserschaft weiter. In der Reihe »Das kleine Übungsheft« sind außerdem von ihm die Bände »Konflikte meistern und harmonischere Beziehungen führen« sowie »Wahrhaftig sein sich selbst und anderen gegenüber« erschienen.

Die Originalausgabe ist erstmals 2014
bei Éditions Jouvence erschienen.
Titel der französischen Originalausgabe:
Petit cahier d'exercices de communication non verbale
© Éditions Jouvence, S.A.,
Chemin du Guillon 20, Case 184, CH-1233 Bernex.
www.editions-jouvence.com,
info@editions-jouvence.com

© der deutschen Ausgabe: 2015 Trinity Verlag in der
Scorpio Verlag GmbH & Co. KG, München
Umschlaggestaltung: Guter Punkt, München
Satz: Kerstin Duben, München
Druck und Bindung: Pustet, Regensburg
ISBN 978-3-95550-139-6
Alle Rechte vorbehalten.

www.die-kleinen-uebungshefte.de

Einleitung

Im Volksmund heißt es »Ein Blick sagt mehr als 1000 Worte.« Stimmt! – Aber wie funktioniert das eigentlich? Genau das wollen wir im Folgenden auf einfache und spielerische Weise herausfinden.

Dieses kleine Übungsheft wird Ihnen keine Theorien präsentieren, darum geht es nicht, sondern Ihnen ganz praktisch zeigen, wie Sie die nonverbalen Signale Ihrer Mitmenschen – und natürlich auch Ihre eigenen – besser wahrnehmen und verstehen können. Die Übungen, die wir Ihnen vorstellen, bilden einen abwechslungsreichen Überblick, der fast alle Ausdrucksformen nonverbaler Sprache (und das sind viele!) umfasst.

Natürlich haben wir die Dinge ein wenig vereinfacht, auch auf die Gefahr hin, mitunter haarscharf an der Karikatur vorbeizuschrammen. Wobei eine Karikatur zwar eine simplifizierende, komische, aber dennoch zutreffende Zeichnung ist ... Wir möchten damit dreierlei erreichen: Sie überraschen, nachdenklich machen und Ihnen Vergnügen bereiten. Schließlich ist spielen die beste Art zu lernen, oder?

In vielen Übungen sollen Sie Aussagen einschätzen: Sind sie »richtig« oder »falsch«? Wenn Sie es nicht wissen, ist das auch nicht weiter schlimm. Die Lösung folgt eine Seite weiter ...

An dieser Stelle ein großes Dankeschön an Cathy, Delphine und Maxime, meine Ersttester.

Wozu nonverbale Kommunikation?

Was meinen Sie, wozu nonverbale Kommunikation dienen könnte?

	Richtig	Falsch
Um Lügner besser zu erkennen		
Um erfolgreicher zu verführen		
Um andere besser zu beherrschen		
Um andere leichter zu beeinflussen		
Um anderen besser helfen und sie unterstützen zu können		
Um andere besser »formen« und ausbilden zu können		
Um andere besser pflegen bzw. behandeln zu können		
Um andere besser »handhaben« zu können		
Um anderen besser etwas verkaufen zu können		
Um andere besser zu verstehen		
Um besser zu kommunizieren		

ICH BIN GANZ RUHIG UND GELASSEN.

Lösungen:
Alle Antworten sind richtig – ausnahmslos.

4

Wie wichtig ist die nonverbale Kommunikation?

Wie hoch ist Ihrer Meinung nach der Anteil dieser 3 Kommunikationsformen im Vergleich zueinander?

Geben Sie für jede Kommunikationsform eine Prozentzahl an. Der Gesamtwert muss 100 Prozent ergeben. Wenn Sie beispielsweise der Meinung sind, alle Formen der Kommunikation seien gleich wichtig, dann tragen Sie überall 33 Prozent ein.

Anteil (in Prozent):

Verbal (Worte) : ....%

Paraverbal (Stimme) : ....%

Ausschließlich nonverbal (Körper) : ....%

_____

Insgesamt : **100 %**

Wie weit sind Ihnen diese 3 Kommunikationsformen bewusst?

Wenn Sie beispielsweise meinen, 50 Prozent der Worte, die Sie benutzen, seien Ihnen bewusst, dann geben Sie 50 Prozent an.

Bewusste Wahrnehmung der 3 Kommunikationsformen bei mir selbst (in Prozent):

Verbal (Worte) : ....%

Paraverbal (Stimme) : ....%

Ausschließlich nonverbal (Körper) : ....%

_____

Insgesamt : .....%

(Die Summe ergibt mehr als 100 Prozent.)

Die 3 Kommunikationsformen?

Albert Mehrabian, ein US-amerikanischer Psychologe, hat 1971 erstmals gemessen, wie hoch der prozentuale Anteil der 3 Kommunikationsformen tatsächlich ist und wie weit wir sie bewusst wahrnehmen.

Hier seine Ergebnisse:

Der Anteil der 3 Kommunikationsformen:

➡ Verbal (Worte):	7 %
➡ Paraverbal (Stimme):	38 %
➡ Ausschließlich nonverbal (Körper):	55 %
➡ Nonverbal (Stimme + Körper)	93 %

Bewusste Wahrnehmung der 3 Kommunikationsformen:

➡ Verbal (Worte):	93 %
➡ Paraverbal (Stimme):	62 %
➡ Ausschließlich nonverbal (Körper):	45 %

Anders ausgedrückt: Die tatsächliche Bedeutung einer Kommunikationsform ist für unsere Einschätzung offenbar nicht maßgebend. Je höher ihr Anteil tatsächlich ist, umso weniger nehmen wir sie bewusst wahr.

Nonverbale Kommunikation

1) Wer hat am meisten für die nonverbale Kommunikation bewirkt?

↗ Sherlock Holmes

↗ Julius Cäsar

↗ Der Hauptcharakter in der Serie »Lie to me«

↗ Marylin Monroe

↗ Edward T. Hall

↗ Paul Ekman

↗ Milton H. Erickson

↗ Tim und Struppi

↗ Aristoteles

↗ Albert Mehrabian

↗ Charles Darwin

2) Welche Berufsgruppen nutzen nonverbale Kommunikation?

↗ Zollbeamte

↗ Psychotherapeuten

↗ Ärzte

↗ Polizeiermittler

↗ Alle Berufe

↗ Keiner der Berufe

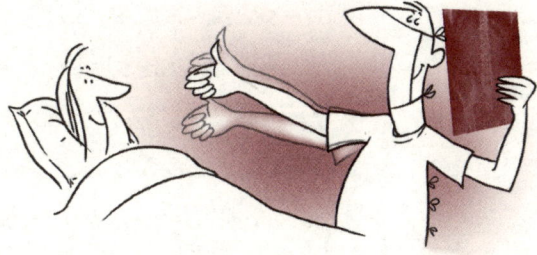

Lösungen auf den folgenden 2 Seiten.

Lösungen:

1) Wer hat am meisten für die nonverbale Kommunikation bewirkt?

→ Der Schöpfer von Sherlock Holmes, Sir Arthur Conan Doyle, ist der »Vater« der wissenschaftlichen Untersuchung von Kriminalfällen.

→ Paul Ekman ist der große amerikanische Experte für Emotionen und nonverbale Kommunikation. Er ist auch Berater für die Fernsehserie »Lie to me«.

→ Julius Caesar hat überhaupt nichts mit dem Thema zu tun.

→ Milton H. Erickson machte sie zu einem der Pfeiler seiner Hypnosetherapie.

→ Der Hauptcharakter in »Lie to me« hat sie allgemein bekannt gemacht.

→ Tim und Struppi haben nicht das Geringste damit zu tun.

→ Marylin Monroe hat zwar nichts *für* die nonverbale Kommunikation getan, aber dafür *mit* ihr (»Happy Birthday, Mr. President«).

→ Aristoteles hat (trotz seines umfangreichen literarischen Werkes) auch nichts für sie getan.

→ Edward T. Hall beschrieb das Raumverhalten bzw. die Distanzzonen zwischen Kommunizierenden (die Proxemik) als Teil der nonverbalen Kommunikation.

→ Albert Mehrabian maß und zeigte als Erster, wie wichtig sie ist.

→ Charles Darwin ist der erste Wissenschaftler, der sich für sie interessierte (insbesondere für die Universalität des mimischen Ausdrucks von Emotionen).

2) Welche Berufsgruppen nutzen nonverbale Kommunikation?

→ Zollbeamte setzen sie – neben anderen Methoden – ein, um Kriminelle ausfindig zu machen, denn diese verraten sich nicht selten durch Blicke, Bewegungen usw.

→ Psychotherapeuten tun dies mehr oder weniger ganz alltäglich: Sie nehmen sich die Zeit, ihre Klienten zu beobachten, und wissen, dass deren Körper das ausdrückt, was sie mit Worten nicht zu äußern in der Lage sind.

→ Ärzte nutzen sie ebenfalls mehr oder weniger aus ihrem Erfahrungswissen heraus (sowohl während der Untersuchung/dem Arztgespräch als auch schon vorher, beim Abholen des Patienten im Wartezimmer).

→ Die meisten Polizeiermittler (mit der Untersuchung betraute Polizisten) interessieren sich inzwischen zunehmend dafür.

→ Alle Berufe nutzen sie mehr oder weniger intuitiv, das heißt, ohne darin ausgebildet zu sein.

→ Keiner der Berufe: Das ist die einzige falsche Antwort

Der erste Eindruck

Ist der erste Eindruck stets der richtige? Ja und nein. Ja, denn in der ersten Minute nehmen wir Hunderte Informationen in uns auf – aus einem einfachen Grund: Am Anfang einer Begegnung ist nämlich unsere Aufmerksamkeit am größten, danach nimmt sie rapide ab ...

Nein, denn wir alle täuschen uns selbst, denn wir versuchen, unseren ersten Eindruck zu bestätigen und zu verstärken. Ist er günstig, fangen wir anschließend nur noch die positiven Signale auf und ignorieren die negativen (und umgekehrt).

Der erste Eindruck ist also entscheidend, aber nicht unbedingt richtig: Man kann sich von äußerer Schönheit beeindrucken lassen (z. B. in einer Flirtsituation) oder von einer angenehmen Redeweise (z. B. beim Vorstellungsgespräch). Das Aussehen ist vor allem die Spezialität von Lügnern, Betrügern und Verführern (z. B. Hochstapler, Heiratsschwindler).

Aber ist das jetzt ein echtes Problem? Ist es nicht nur die Kehrseite der Medaille? Der Preis, den wir zahlen müssen, um andere rasch beurteilen zu können? Denn ohne Beurteilung keine Entscheidung, kein Handeln, keine Reaktion. In früheren Zeiten, in der Wildnis, konnte ein solches Zögern fatale Folgen haben – in der einen oder anderen Richtung (ist der/die andere ein Raubtier oder eine »Beute«?). Ist das wirklich schlimmer, als sich mal zu irren?

Wie viele nonverbale »Sprachen« bzw. Ausdrucksformen gibt es überhaupt?

Wir haben 23 gezählt. Es liegt bei Ihnen, sie ebenfalls zu entdecken … Nehmen Sie die Zeichnung unten zu Hilfe und geben Sie die verschiedenen Ausdrucksformen an; orientieren Sie sich an den Pfeilen.

Nonverbale Ausdrucksformen: Lösungen

Das sind die 23 nonverbalen »Sprachen« im Einzelnen:

1) Körpersprache

A) Visuell

- Gesicht
- Mimik
- Gesten und Bewegungen
- Körperhaltungen, Posen
- Krankheiten

B) Nicht visuell (die anderen Sinne betreffend)

- Stimme (Timbre, Höhe, Rhythmus …)
- Tastsinn (Händedruck, Streicheln, Massage …)
- Gerüche (natürliche oder künstliche)
- Geschmack (Küssen …)

2) Andere Ausdrucksformen

A) Äußere Attribute

- »Look« (Kleidung, Schuhe, Frisur, Make-up)
- Gegenstände, die wir mit uns führen (Accessoires, Utensilien)
- Feste Objekte (Möbel)
- Transportmittel (Fahrzeuge)
- Tiere, die wir besitzen

B) Handeln

- Handlungen
- Rollen, die wir spielen
- Zeitpunkt/-dauer unseres Tuns, Pünktlichkeit

C) Raumverhalten

- Distanz, die wir zwischen uns und anderen einhalten (Proxemik)
- Platz, den wir uns in einem Raum suchen
- Orte, die wir regelmäßig besuchen

D) Übergreifende Ausdrucksformen (rund um den Körper)

- Träume
- Schrift (Grafologie)
- Farben

Die Sprache der Blickrichtung

Dem NLP (Neurolinguistischen Programmieren) zufolge lässt sich anhand der Blickrichtung eines Menschen zweierlei ablesen: welche Art der Information (visuell: Bild; auditiv: Klang; kinästhetisch: Bewegungswahrnehmung) ihm gerade bewusst ist und in welcher Zeit (Vergangenheit, Gegenwart oder Zukunft) er sich gedanklich befindet. Finden Sie heraus, welchem Informationstyp und welcher Zeit die Blicke auf den Abbildungen unten jeweils entsprechen.

Ordnen Sie die folgenden Lösungen den Blickrichtungen zu: visuell/Vergangenheit, Gegenwart, visuell/Zukunft, Empfindung, innerer Dialog, auditiv/Vergangenheit, auditiv/Zukunft.

. . . .

. . . .

Achtung: Nur jeweils eine Lösung pro Blickrichtung ist richtig.

. . . .

13

Die Sprache der Blickrichtung: Lösungen

Hier sind sie:

Visuell/Vergangenheit

Visuell/Zukunft

Auditiv/Vergangenheit

Gegenwart

Auditiv/Zukunft

Innerer Dialog

Empfindung

Achtung! Das gilt nur für Rechtshänder (also 90 Prozent der Menschen). Linkshänder kehren oft die Zeitlinie um: Vergangenheit rechts und Zukunft links.

Die Sprache der Mimik

Dem US-amerikanischen Anthropologen und Psychologen Paul Ekman zufolge, dessen Forschungen zur nonverbalen Kommunikation in der Tradition des Naturforschers und Begründers der Evolutionstheorie Charles Darwin stehen, gehen alle unsere Gefühle aus 4 oder 6 sogenannten Basisemotionen hervor. Finden Sie mithilfe der folgenden Zeichnungen heraus, welche das sind, und ordnen Sie jeder Zeichnung die entsprechende Emotion zu.

Welches Gesicht drückt welche Emotion (Freude, Traurigkeit, Zorn, Angst, Überraschung, Ekel) aus?

. . . .

. . . .

Die Sprache der Mimik: Lösungen

Hier die 6 Basisemotionen und ihr mimischer Ausdruck:

Freude

Zorn

Überraschung

Traurigkeit

Angst

Ekel

Weitere Gefühle sind: Stress, Langeweile, Groll, Reue, Schuldgefühle, Zweifel usw.

Die Sprache konventioneller Handgesten

Was meinen Sie, was bedeuten diese Gesten?

- ☐ O.k. oder Null
- ☐ Geld
- ☐ Leck mich am ...
- ☐ Drohung

- ☐ Zorn
- ☐ Rache!
- ☐ Gerechtigkeit!
- ☐ Sieg!
- ☐ Auf in den Kampf!
  (Politik)

- ☐ Sieg
- ☐ Zwei
- ☐ Hallo!
  (Motorradfahrer)
- ☐ Frieden

- ☐ Hallo!
- ☐ Sexuelle Einladung
- ☐ Verwünschung/
  Beleidigung

- ☐ Stimmt!
- ☐ Das ist gut!
- ☐ Stinkefinger
- ☐ Sexuelle Einladung

- ☐ Betrogener Ehemann!
- ☐ Teufelshörner
- ☐ Rock 'n' Roll

Die Sprache konventioneller Handgesten: Lösungen

Alle Antworten sind richtig – jeweils in einem bestimmten Land oder einer bestimmten Gemeinschaft:

O.k. oder Null (USA, Europa)

Geld (Japan)

Leck mich am … (Brasilien)

Drohung (Tunesien)

Zorn

Rache!

Gerechtigkeit!

Sieg!

Auf in den Kampf! (Politik)

Sieg

Zwei

Hallo! (Motorradfahrer)

Frieden

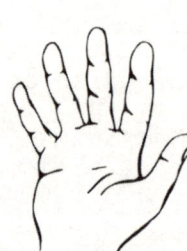

Hallo!

Sexuelle Einladung (Südamerika)

»Moutza«: Verwünschung/Beleidigung (Griechenland)

Stimmt!

Das ist gut!

Stinkefinger (im Mittleren Osten)

Sexuelle Einladung (Sardinien, Griechenland)

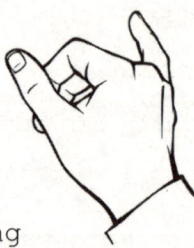

Betrogener Ehemann (Mittelmeerländer)

Teufelshörner

Rock 'n' Roll!

Natürliche Handgesten

Geben Sie an, was die folgenden Gesten Ihrer Meinung nach bedeuten:

↗ Mit dem Finger (auf jemanden) zeigen:

....

↗ Die Faust ballen:

....

↗ Die Arme ausbreiten:

....

↗ Die Hände seitlich abspreizen:

....

↗ Eine Zigarette halten:

....

↗ Sich die Brille zurechtrücken:

....

↗ Die Hände in die Taschen stecken:

....

↗ Die Hände hinter dem Rücken verbergen:

....

Natürliche Handgesten: Lösungen

→ Mit dem Finger (auf jemanden) zeigen = Drohung, Hinweis

→ Die Faust ballen = Zorn

→ Die Arme ausbreiten = jemanden willkommen heißen, Überraschung

→ Die Hände seitlich abspreizen, um vor einer anderen Person
eine symbolische Barriere zu bilden = Geste des Verbots

→ Eine Zigarette halten = sich mit dem Arm und dem Rauch
zwischen sich und seinem Gegenüber (unbewusst) beruhi-
gen, schützen, verstecken

→ Sich die Brille zurechtrücken = Misstrauen, Selbstkontrolle

→ Die Hände in die Taschen stecken = Entspannung, Ungezwun-
genheit, Erwartung oder Desinteresse

→ Die Hände hinter dem Rücken verbergen = Erwartung, Hem-
mung, Kontrolle, etwas vorbereiten/verheimlichen

Die Sprache der Selbstberührungen
(in der Fachsprache »autotaktile Kontakte« genannt)

Tragen Sie jeden Gedanken in die zugehörige Sprechblase ein.

WOZU SOLL DAS GUT SEIN?

DAS HAT DOCH ALLES KEINEN ZWECK!

MEIN GOTT! WAS HABE ICH NUR GETAN?

DAS PROBLEM IST UNLÖSBAR!

WAS KÖNNTE ICH JETZT TUN?

DA HABE ICH ETWAS ANGESTELLT ...

WAS FÜR EINE SCHANDE!

Die Sprache der Selbstberührungen: Lösungen

Hier sind sie:

Die Sprache der Attitüde (1)

Tragen Sie die folgenden Gedanken in die jeweils entsprechende Sprechblase ein:

- *HE, DU DA DRÜBEN, GUCK MICH DOCH MAL AN!*

- *SO GEHT DAS JA NUN NICHT!*

- *HALLO SÜSSE! KOMM DOCH MAL RÜBER!*

- *WARUM HABE ICH DAS NUR GETAN?*

- *JETZT REICHT'S!*

- *ICH HABE DIE FAXEN DICKE!*

Die Sprache der Attitüde (2)

Geben Sie mithilfe von Pfeilen (wie in der Abbildung) **an, welche Attitüde bzw. innere Einstellung die Körperhaltung bzw. das Gebaren der gezeichneten Personen widerspiegelt.** Achtung: Mehrere Antworten pro Person sind möglich!

VERFÜHRUNG

KAMPFANSAGE

EINSATZBEREITSCHAFT

EMPATHIE

MACHT

ERWARTUNG

DEPRESSION

SELBSTBEHAUPTUNG

AUTORITÄT

KONTROLLE

UNTERWÜRFIGKEIT

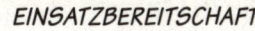

Die Sprache der Attitüde (2): Lösungen

Hier die Attitüde bzw. innere Haltung, die dem jeweiligen Auftreten nach außen entspricht:

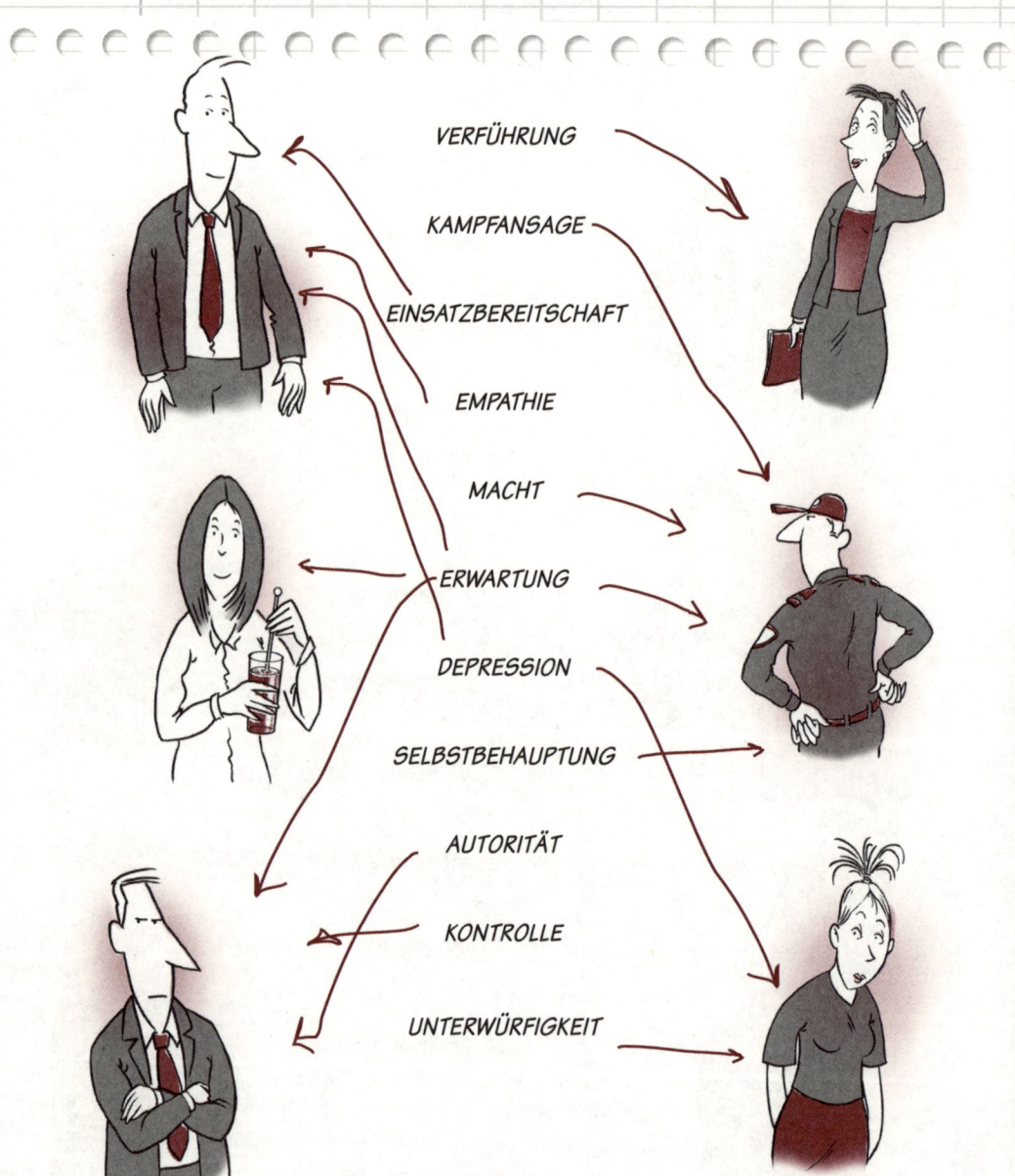

VERFÜHRUNG

KAMPFANSAGE

EINSATZBEREITSCHAFT

EMPATHIE

MACHT

ERWARTUNG

DEPRESSION

SELBSTBEHAUPTUNG

AUTORITÄT

KONTROLLE

UNTERWÜRFIGKEIT

Körperliche Ausdrucksformen (nicht visuell)

1) Die Stimme	Richtig	Falsch

↗ Eine große Stimmintensität zeugt von einer starken Persönlichkeit.

↗ Eine hohe (schrille) Stimme verrät, dass man unter Stress steht.

↗ Das Sprechtempo sagt etwas über die Intelligenz des Sprechenden aus.

↗ Die Klangfarbe der Stimme ist einzigartig und spiegelt teilweise die Persönlichkeit wider.

2) Fremdberührungen

↗ Die Griechen geben sich erst die Hand und umarmen sich dann.

↗ Russen küssen sich auf den Mund.

↗ Indische Männer gehen gerne Arm in Arm.

3) Gerüche

↗ Gerüche wirken entweder anziehend oder abstoßend.

↗ Sie behindern die Gedächtnisleistung.

↗ Pheromone sind sexuelle Lockstoffe, die unterschwellig wahrgenommen werden.

Körperliche Ausdrucksformen (nicht visuell): Lösungen

1) Die Stimme

➡ Eine große Stimmintensität zeugt nicht unbedingt von einer starken Persönlichkeit. Sie kann auch auf Extravertiertheit (des Individuums oder seiner Kultur), Zorn oder Schwerhörigkeit schließen lassen.

➡ Ja, eine hohe (schrille) Stimme verrät, dass man unter Stress steht.

➡ Wer schneller spricht, wird zumindest als intelligenter eingeschätzt ...

➡ Ja, das Timbre (»die Klangfarbe«) der Stimme ist einzigartig und lässt Rückschlüsse auf die Persönlichkeit zu.

2) Fremdberührungen

➡ Ja, die Griechen geben sich erst die Hand und umarmen sich dann.

➡ Ja, die Russen küssen sich auf den Mund, allerdings immer weniger (Einfluss des Westens?).

➡ Nein, es sind die arabischen Männer, die gerne Arm in Arm gehen.

3) Gerüche

➡ Ja, Gerüche wirken entweder anziehend oder abstoßend.

➡ Nein, ganz im Gegenteil: Sie fördern die Gedächtnisleistung.

➡ Ja, Pheromone sind sexuelle Duftstoffe, die unterschwellig wahrgenommen werden. Bei einem Experiment hat man einen einzigen Stuhl in einem Raum voller Stühle mit männlichen Pheromonen besprüht. Anschließend ließ man Frauen nacheinander herein und bat sie, irgendwo Platz zu nehmen. 90 Prozent von ihnen setzten sich auf den Stuhl mit den Pheromonen. Dieselben Ergebnisse erzielt man auch im umgekehrten Fall: Männer suchten sich in einem Raum, in dem ein einziger Stuhl mit weiblichen Pheromonen präpariert war, meist genau diesen aus.

Die Sprache der Kleidung

Wenn Sie gut gekleidet sind – Anzug oder Businesskostüm –, erhöhen Sie Ihre Chancen, …

	Richtig	Falsch
1. dass Ihnen geholfen wird.		
2. dass Sie Geld erhalten.		
3. respektiert zu werden.		
4. bevorzugt behandelt zu werden.		

Wenn Sie schwarz gekleidet sind, laufen Sie Gefahr, …

	Richtig	Falsch
5. als aggressiver eingeschätzt zu werden.		
6. für trauriger gehalten zu werden.		
7. langweiliger rüberzukommen.		
8. als verführerischer zu gelten.		
9. zu einer höheren Strafe verurteilt zu werden.		

Die Sprache der Kleidung: Lösungen

Alle Antworten sind richtig und durch Studien belegt, außer Nr. 6 und Nr. 7, die weder bewiesen noch widerlegt sind, aber dennoch von vielen Menschen für wahr gehalten werden. Tatsächlich erhalten Angeklagte in marineblauer Kleidung tendenziell weniger hohe Strafen als andere ...

Die Sprache von Frisur und Barttracht

Ordnen Sie jedem Haarschnitt/jeder Frisur eine Bedeutung zu:

Lang und offen ○   ○ Weiblichkeit, Kunst, Auflehnung

Pferdeschwanz ○   ○ Männlichkeit, Intellekt

Knoten ○   ○ Dynamik (Sport)

Pony ○   ○ Mangelnde Selbstsicherheit

Kurze Haare (Frau) ○   ○ Männlichkeit, Effizienz

Halblange Haare (Frau) ○   ○ Gleichgewicht zwischen Verführung und Effizienz

Lange Haare (Mann) ○   ○ Unbekümmertheit, Verführung

Glatze ○   ○ Selbstkontrolle, Arbeit

Welche Bedeutung wird mit einem Vollbart verknüpft?

☐ Weisheit

☐ Eine besondere Betonung des Intellekts

☐ Eine Form der Ablehnung des »Systems«

Welche Bedeutung wird mit einem Schnäuzer verknüpft?

☐ Männlichkeit

☐ Mangelnde Sensibilität gegenüber dem Leid anderer

☐ Aggressivität

Die Sprache von Frisur und Barttracht: Lösungen

Die Bedeutung von Frisur und Haarschnitt:

Lang und offen ⟶ Unbekümmertheit, Verführung

Pferdeschwanz ⟶ Dynamik (Sport)

Knoten ⟶ Selbstkontrolle, Arbeit

Pony ⟶ Mangelnde Selbstsicherheit

Kurze Haare (Frau) ⟶ Männlichkeit, Effizienz

Halblange Haare (Frau) ⟶ Gleichgewicht zwischen Effizienz und Verführung

Lange Haare (Mann) ⟶ Weiblichkeit, Kunst, Auflehnung

Glatze ⟶ Männlichkeit, Intellekt

Der Morphopsychologie* zufolge, einer von dem französischen Psychiater Louis Corman entwickelten Methode, aus dem Gesicht eines Menschen auf seine Persönlichkeit zu schließen, bedeckt ein Vollbart die untere Gesichtshälfte (die Instinktebene, der auch Sexualität und Aggressivität zugeordnet sind) und dämpft sie damit zugunsten der höher gelegenen Beziehungs- und vor allem der Verstandesebene. Im Abendland stand er einst für Weisheit, ist aber heutzutage eher zu einem Zeichen der Rebellion geworden.

Typische »Vollbart-Berufe« sind: Priester, Mönch, Professor/Lehrer, Forscher, Philosoph usw.

Der Schnäuzer trennt die Instinkt- von der für Empfinden und Gefühle zuständigen Beziehungsebene des Gesichts. Das erleichtert es, sowohl zu handeln, ohne dabei viel zu empfinden, als auch Kraft oder Zwang auszuüben.

Typische »Schnäuzer-Berufe« sind: Spezialeinsatzkräfte der Polizei/der Bundeswehr, Polizist, Tankwart, Zollbeamter usw.

Die Sprache des Looks: Tätowierungen

Welchen Ursprung haben Tätowierungen, wozu dienten sie?

• ....

• ....

• ....

---

* Im deutschen Sprachraum handelt es sich mit Einschränkungen um den Gegenstandsbereich der »Physiognomik«. Nach einer letzten Hochphase in den 1920er-Jahren ist sie heute aufgrund der Nähe zu Rassentheorien grundsätzlich diskreditiert (Anm. d. Ü.).

Wer lässt sich tätowieren (soziale Gruppen)?

- ....
- ....
- ....
- ....

Warum lässt man sich tätowieren?

- Früher: : ....

....

- Seit 1970 : ....

....

Was sind die meisttätowierten Körperteile?

- ....
- ....
- ....

Welche sind die häufigsten Motive?

- ....
- ....
- ....
- ....

33

Die Sprache des Looks – Tätowierungen: Lösungen

Welchen Ursprung haben Tätowierungen, wozu dienten sie?

→ Markierung von Sklaven mit Brandzeichen (seit dem Altertum)

→ Kennzeichnung römischer Legionäre mit Brandzeichen

→ Zeichen der Zugehörigkeit von Eingeweihten eines bestimmten (Geheim-)Kults

→ Kriegsgemälde (schottische, indische ...)

Wer lässt sich tätowieren (soziale Kategorien)?

→ Menschen am Rande der Gesellschaft wie Kriminelle, Yakuzas (Angehörige japanischer krimineller Organisationen) usw.

→ Maoris aus Neuseeland, um ihr soziales Ansehen zu steigern.

→ Bei uns im Westen vor allem junge Leute, die Tätowierungen schön finden und als Mittel des Selbstausdrucks einsetzen.

Warum lässt man sich tätowieren?

→ Früher als Erkennungszeichen und um Zugehörigkeit zu zeigen.

→ Seit 1970 um sich abzuheben und aufzuwerten.

Was sind die meisttätowierten Körperteile?

1) Schultern   2) Hüfte   3) Rücken

Welche Motive sind am häufigsten?

Ranken, Pflanzen und Blumen (Rose), Symbole (Kreuz, Totenkopf ...), Tiere (Raubkatzen, Greifvögel, Schlangen ...), Buchstaben und Frauengesichter.

Die Sprache des Looks: Schuhe

Verknüpfen Sie die verschiedenen Schuhe mit ihrer Bedeutung:

- WEIBLICHKEIT UND DER WUNSCH ZU GEFALLEN ...
ABER INNERHALB GEWISSER GRENZEN

- UNSICHERHEIT
(MINDERWERTIGKEITS-
GEFÜHLE?)

- KONFORMISMUS, WEIBLICHKEIT

- EINFACHHEIT, AUTHENTIZITÄT,
SPORTLICHKEIT

- ROMANTIK,
EXOTIK, EROTIK

- DYNAMIK,
EINFACHHEIT, EFFIZIENZ

- DYNAMIK, EINFACHHEIT,
EFFIZIENZ (IM SOMMER),
AUSSERDEM BEQUEMLICHKEIT

- BEQUEMLICHKEIT UND KONFORMISMUS,
NATÜRLICHKEIT (ABLEHNUNG
DES MODEDIKTATS?)

Die Sprache des Looks – Schuhe: Lösungen

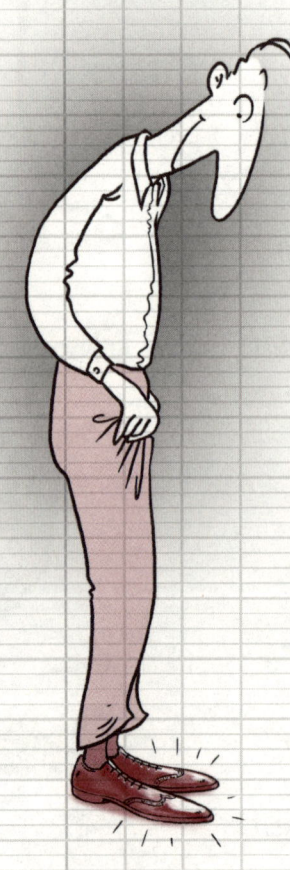

Stiefel: Romantik, Exotik, Erotik

Stiefeletten: Weiblichkeit und der Wunsch zu gefallen ... aber innerhalb gewisser Grenzen

Plateauschuhe: Unsicherheit (Minderwertigkeitsgefühle?)

Schuhe mit niedrigem Absatz: Konformismus, Weiblichkeit

Mokassins: Bequemlichkeit und Konformismus, Natürlichkeit (Ablehnung des Modediktats?)

Ballerinas: Dynamik, Einfachheit, Effizienz

Sandalen: wie Ballerinas (im Sommer), außerdem Bequemlichkeit

Turnschuhe: Einfachheit, Authentizität, Sportlichkeit

Die Sprache der Accessoires: Kopfbedeckungen

Wer trägt Ihrer Ansicht nach die unten abgebildeten Männerhüte? (Es sind jeweils mehrere Antworten möglich.)

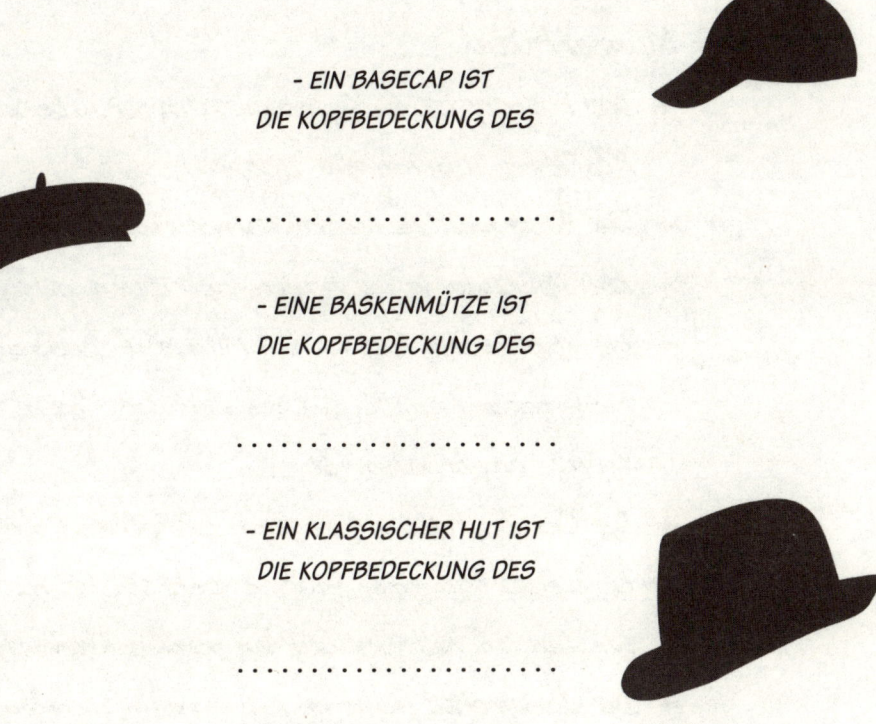

- EIN BASECAP IST
DIE KOPFBEDECKUNG DES

. . . .

- EINE BASKENMÜTZE IST
DIE KOPFBEDECKUNG DES

. . . .

- EIN KLASSISCHER HUT IST
DIE KOPFBEDECKUNG DES

. . . .

- EIN COWBOYHUT IST
DIE KOPFBEDECKUNG DES

. . . .

- EIN PANAMAHUT IST
DIE KOPFBEDECKUNG DES

. . . .

Die Sprache der Accessoires - Kopfbedeckungen: Lösungen

Männerhüte:

→ **Das Basecap** ist die Kopfbedeckung der Arbeiter, der Wanderer, Radfahrer und von Hip-Hoppern.

→ **Die Baskenmütze** weckt Konnotationen zu Frankreich, wird aber hierzulande auch gern von Frauen getragen.

→ **Der klassische Hut** ist ein Männer-Accessoire, das aus der Mode gekommen ist, seit die Zeit des Regenschirms und der Kapuze angebrochen ist.

→ **Der Cowboyhut** wird heute noch getragen, wenn auch selten. Er weist auf eine gewisse Sehnsucht nach dem Wilden Westen hin, vielleicht auf ein nordamerikanisches Vorbild?

→ **Der Panamahut** wird im Sommer in warmen (exotischen?) Ländern getragen. Er gilt auch als der Hut des »Dandys«, des reichen Verführers.

→ **Ausschlaggebendes Kriterium:** die Sichtbarkeit. Ist der Hut sehr auffällig oder weniger? Ist er originell, gar exzentrisch oder eher dezent? Mit diesem Accessoire werden alle Fantasien möglich und auch Frauen, die es tragen, wissen dies zu nutzen.

Die Sprache der Objekte: Fahrzeuge

Was bedeutet es Ihrer Meinung nach, wenn man folgendes Fahrzeug fährt? (Was ist einem besonders wichtig?):

Beispiel:

Familienauto: Der Komfort hat Vorrang vor allen anderen Kriterien.

- Stadtauto (Kleinwagen): ....
- Van: ....
- Geländewagen: ....
- Sportwagen: ....
- Kombi: ....
- Motorrad: ....
- Motorroller: ....
- Fahrrad: ....

Die Sprache der Objekte – Fahrzeuge: Lösungen

Hier die Bedeutung der verschiedenen »fahrbaren Untersätze«:

→ **Familienauto:** Der Komfort hat Vorrang vor allen anderen Kriterien.

→ **Stadtauto (Kleinwagen):** Das Praktische und Ökonomische ist maßgebend, das Aussehen dagegen weniger.

→ **Van:** Auf Komfort und das Praktische (großes Fassungsvermögen) wird Wert gelegt.

→ **Geländewagen:** Die nützliche, solide Seite (Vierradantrieb) ist vermutlich das, womit man angeben kann, allerdings zulasten des Verbrauchs und des Umweltschutzes.

→ **Sportwagen:** Für den Besitzer zählen Schnelligkeit, Leistung, Aussehen und – der Wunsch, zu gefallen.

→ **Kombi:** Das Praktische, Professionelle daran sind wichtig.

→ **Motorrad:** Das Sportliche (Schnelligkeit, Vergnügen und Risiko) ist maßgebend.

→ **Motorroller:** Die praktische (sich durch den Stau schlängeln) und jugendliche (preiswert und draufgängerisch) Seite daran zählen.

→ **Fahrrad:** Für den Besitzer repräsentiert es den ökologischen Aspekt (kein Benzin) und etwas »Jugendliches« (preiswert und sportlich).

Was verraten Tiere über Ihren Besitzer?

Welche Rückschlüsse lassen sich Ihrer Meinung nach aus den Tieren ziehen, die man hat?

	Richtig	Falsch
Haustiere:		
A) Generell das Bedürfnis nach Gesellschaft, Beruhigung und Kontrolle.		
B) Ein Hund ist ein Zeichen für Extravertiertheit, Treue.		
C) Eine Katze ist ein Zeichen für Introvertiertheit, Unabhängigkeit.		
Bauernhof-Tiere:		
A) Bedürfnis nach Kontakt mit der Natur		
B) Einsatzbereitschaft, Sinn für das Natürliche, Echte		
C) Starke Heimatverbundenheit		
Exotische oder ungewöhnliche Tiere:		
A) Bedürfnis, sich abzugrenzen, die Aufmerksamkeit auf sich zu ziehen		
B) Risikobereitschaft		
C) Hang zum Makabren		

Was verraten Tiere über Ihren Besitzer: Lösungen

Haustiere:

➡ A: Ja, ein Haustier verrät das Bedürfnis nach Gesellschaft, Beruhigung und Kontrolle.

➡ B und C: Nein, die Antworten sind vertauscht: Man wird von dem Tier angezogen, das die eigene Persönlichkeit ergänzt. Also:

➡ B: Ein Hund ist ein Zeichen für Introvertiertheit, Treue, Zuverlässigkeit, Großzügigkeit, Wärme.

➡ C: Eine Katze ist ein Zeichen für Extravertiertheit, Unabhängigkeit, Selbstbezogenheit, Lust an der Verführung.

Bauernhof-Tiere:

➡ Der Besitz solcher Tiere ist wahrscheinlich Ausdruck des Bedürfnisses, im permanenten Kontakt mit der Natur zu sein (schwierig, Kühe mitten in Köln zu halten!), aber auch für eine große Einsatzbereitschaft (solche Tiere stellen hohe Anforderungen), einen Sinn für das Natürliche, Echte und vielleicht auch eine starke Heimatverbundenheit ...

Exotische, ungewöhnliche Tiere:

➡ Das spricht wahrscheinlich für ein Bedürfnis, sich abzuheben, sich zu behaupten, die Aufmerksamkeit auf sich zu ziehen, aber mitunter auch für Risikobereitschaft oder sogar einen Hang zum Makabren (Piranhas). Dasselbe gilt für fleischfressende Pflanzen.

Die Sprache der Handlungen

1) Die Sprache der Handlungen:
Was, meinen Sie, ist richtig, was falsch?

	Richtig	Falsch
↗ Unterlassene Handlungen (was man nicht tut, aber tun sollte) zeigen an, dass man es ablehnt, sich an bestimmte gesellschaftliche Vorgaben zu halten: Schule, Heirat, zur Wahl gehen, für wohltätige Zwecke spenden		
↗ Fehlleistungen (beispielsweise »vergessen«, arbeiten zu gehen) zeugen von Wünschen, die (mehr oder weniger) unbewusst sind.		
↗ Was man tut, ist wichtiger als die Art und Weise, wie man es tut (zum Beispiel schnell oder langsam).		

Die Sprache der Handlungen: Lösungen

1) Die Sprache der Handlungen

➡ Ja, unterlassene Handlungen (was man nicht tut, aber tun sollte) zeigen an, dass man es ablehnt, bestimmten gesellschaftlichen Normen zu entsprechen: nicht zur Schule gehen, nicht arbeiten, keine Beziehung eingehen, nicht wählen gehen, feierlichen Anlässen fernbleiben, anderen nicht die Hand schütteln, nicht applaudieren …

➡ Ja, Fehlleistungen zeugen von mehr oder weniger unbewussten Wünschen: »vergessen«, arbeiten zu gehen, einen Zahnarzttermin versäumen, »aus Versehen« eine Vase fallen lassen, die man nicht mag (Geschenk der Schwiegermutter) …

➡ Nein, was man tut, ist nicht wichtiger als die Art und Weise, wie man es tut (der Stil), ganz im Gegenteil. Denn Sie können sich zu etwas zwingen, das Ihnen überhaupt nicht entspricht (zum Beispiel in die Kirche gehen, obwohl Sie Atheist sind), oder umgekehrt: Sie vermeiden es, etwas Beschämendes zu tun (beispielsweise sich zu betrinken), oder Sie verbergen es. Dagegen können Sie Ihren persönlichen Stil (schnell oder langsam, aggressiv oder freundlich) über längere Zeit hinweg nur schwer kontrollieren oder gar verbergen.

> »Der Stil ist der Mensch selbst.«
> Buffon

Kreisen Sie die für Sie zutreffende Antwort ein.

Das Verhältnis zu anderen:

Nein, Sie sind nicht pünktlich, Sie kommen zu spät. Der Grund dafür ist:

A) Wunsch nach Macht (erwartet, herbeigesehnt werden)

B) Wunsch nach Gleichberechtigung (Sie erwarten, dass der/die andere ebenfalls zu spät kommt), Respekt

C) Angst, den anderen zu verletzen/Schuldgefühle

Das Verhältnis zum Tod:

Nein, Sie sind nicht pünktlich, Sie kommen zu früh, denn:

A) Sie leugnen den Tod (sind unsterblich, haben alle Zeit der Welt).

B) Sie erkennen den Tod an (haben Zeit).

C) Sie fürchten den Tod (haben keine Zeit).

Das Verhältnis zur Ordnung:

Ja, Sie sind pünktlich, weil:

A) Sie nicht integer sind (sich zu verpflichten ist für Sie lediglich ein Mittel zum Zweck).

B) Sie integer sind (Ihre Verpflichtungen einhalten).

C) Sie »zu« integer sind (Sie opfern alles, um Ihre Verpflichtungen einzuhalten).

Die Sprache der Zeit: Lösungen

Zeit ist das Leben, das vom Tod begrenzt wird ... Doch sie ist auch gemeinsamer Raum: Wir gewähren anderen etwas von unserer Zeit oder nehmen sie ihnen, wir halten zeitliche Verpflichtungen ein (Termine zum Beispiel) oder auch nicht.

Das Verhältnis zu anderen:

➡ Nein, Sie kommen zu spät:

Antwort A: Wunsch nach Macht (erwartet, herbeigesehnt werden)

Das Verhältnis zu anderen in verschiedenen Kulturen:

➡ Ja, Sie kommen pünktlich: Kultur des Nordens (engl. »On time is on time!«)

Das Verhältnis zum Tod:

➡ Nein, Sie kommen zu früh:

Antwort C: Sie fürchten den Tod (haben keine Zeit).

Das Verhältnis zur Ordnung:

➡ Sie sind pünktlich:

Antwort B: Sie sind integer (halten Ihre Verpflichtungen ein).

Die Sprache der Distanzzonen

Der US-amerikanische Anthropologe Edward T. Hall erforschte das zwischenmenschliche Raumverhalten, die Lehre von der interpersonellen Distanz, auch Proxemik genannt. Wie er schreibt, setzen Tiere unterschiedliche körperliche Distanzen ein. Wir Menschen verwenden 4 Distanzzonen, von denen jede eine spezielle Bedeutung hat.

Ordnen Sie die natürliche Reihenfolge der Distanzzonen (soziale Zone, intime Zone, persönliche Zone, öffentliche Zone) nach ihrer Reihenfolge, legen Sie ihre jeweilige Ausdehnung fest und nennen Sie zu jeder Zone ein Beispiel.

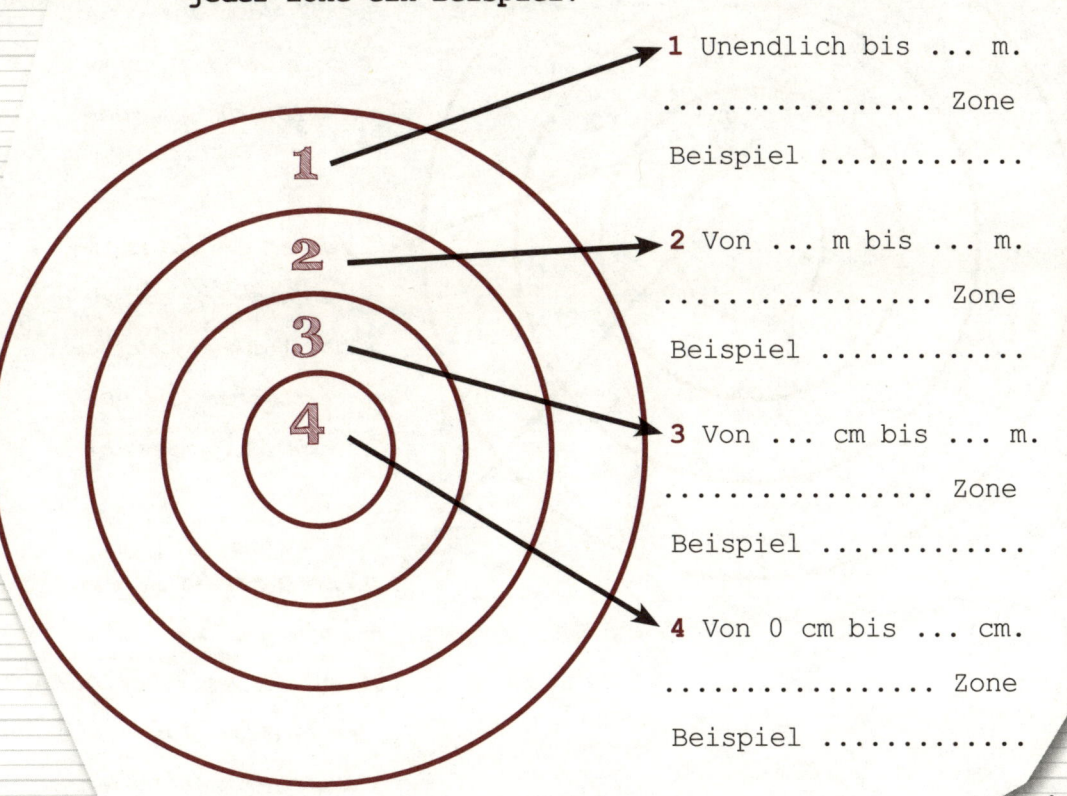

1 Unendlich bis ... m.

.... Zone

Beispiel ....

2 Von ... m bis ... m.

.... Zone

Beispiel ....

3 Von ... cm bis ... m.

.... Zone

Beispiel ....

4 Von 0 cm bis ... cm.

.... Zone

Beispiel ....

Die Sprache der Distanzzonen: Lösungen

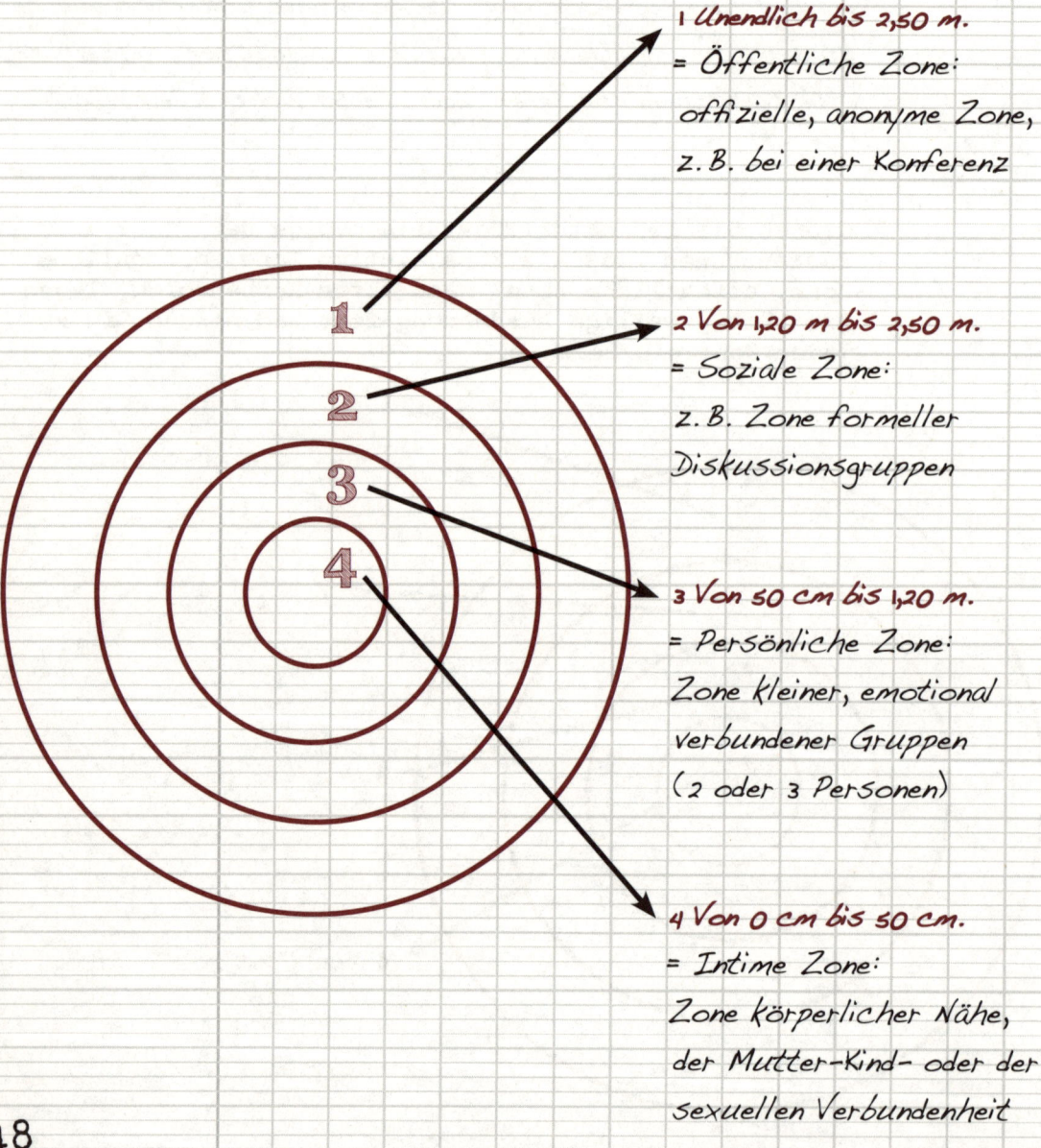

1 Unendlich bis 2,50 m.
= Öffentliche Zone:
offizielle, anonyme Zone,
z.B. bei einer Konferenz

2 Von 1,20 m bis 2,50 m.
= Soziale Zone:
z.B. Zone formeller
Diskussionsgruppen

3 Von 50 cm bis 1,20 m.
= Persönliche Zone:
Zone kleiner, emotional
verbundener Gruppen
(2 oder 3 Personen)

4 Von 0 cm bis 50 cm.
= Intime Zone:
Zone körperlicher Nähe,
der Mutter-Kind- oder der
sexuellen Verbundenheit

Sprache der Platzwahl in einem Raum

In der Gruppendynamik hat jede Rolle einen bestimmten Platz.

Weisen Sie jeder Funktion bzw. Rolle ihren Platz im unten abgebildeten Konferenzraum zu. Achtung: Bestimmte Rollen haben mehrere mögliche Plätze. Das Whiteboard (in Schwarz dargestellt), also »vorne«, ist in der Zeichnung oben.

Rollen: Vermittler, Leiter, Beobachter, Mitstreiter, Rebell, Organisator, Clown

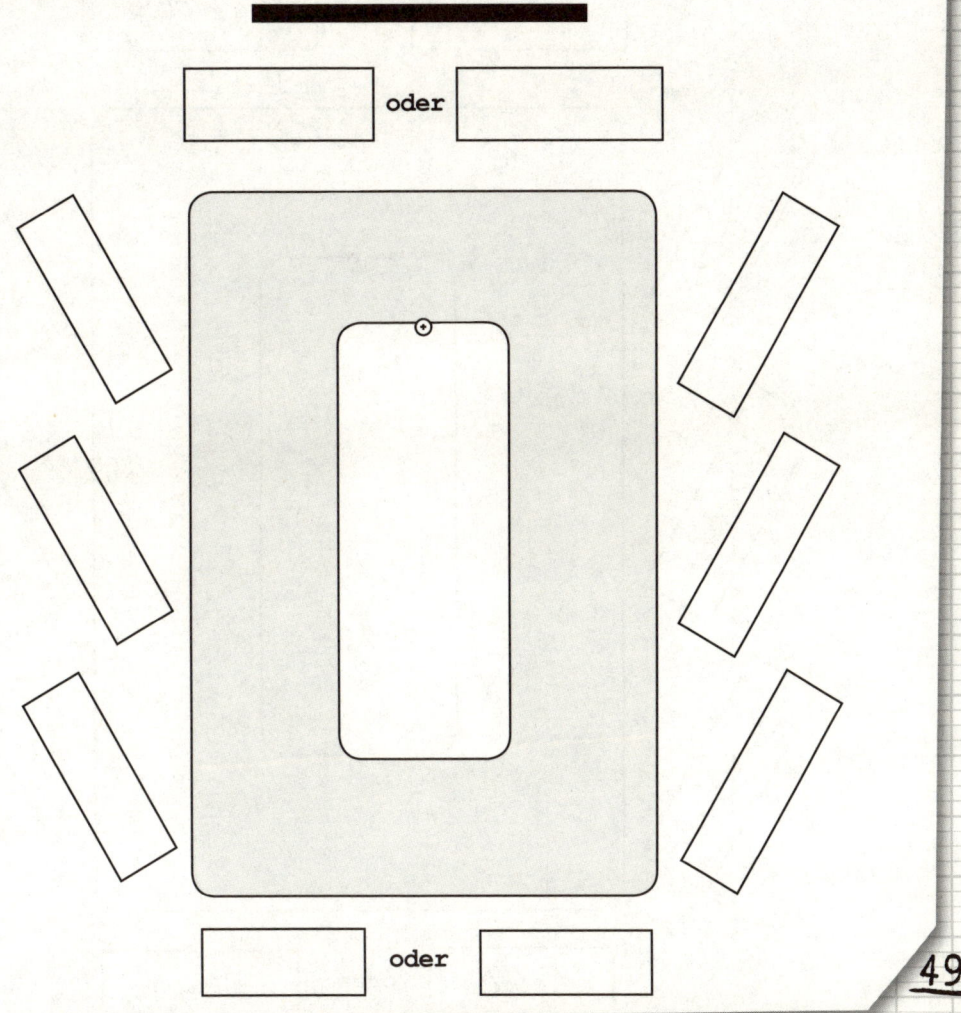

Die Sprache der Platzwahl (in einem Raum): Lösungen

Hier die häufigsten Plätze jeder Rolle:

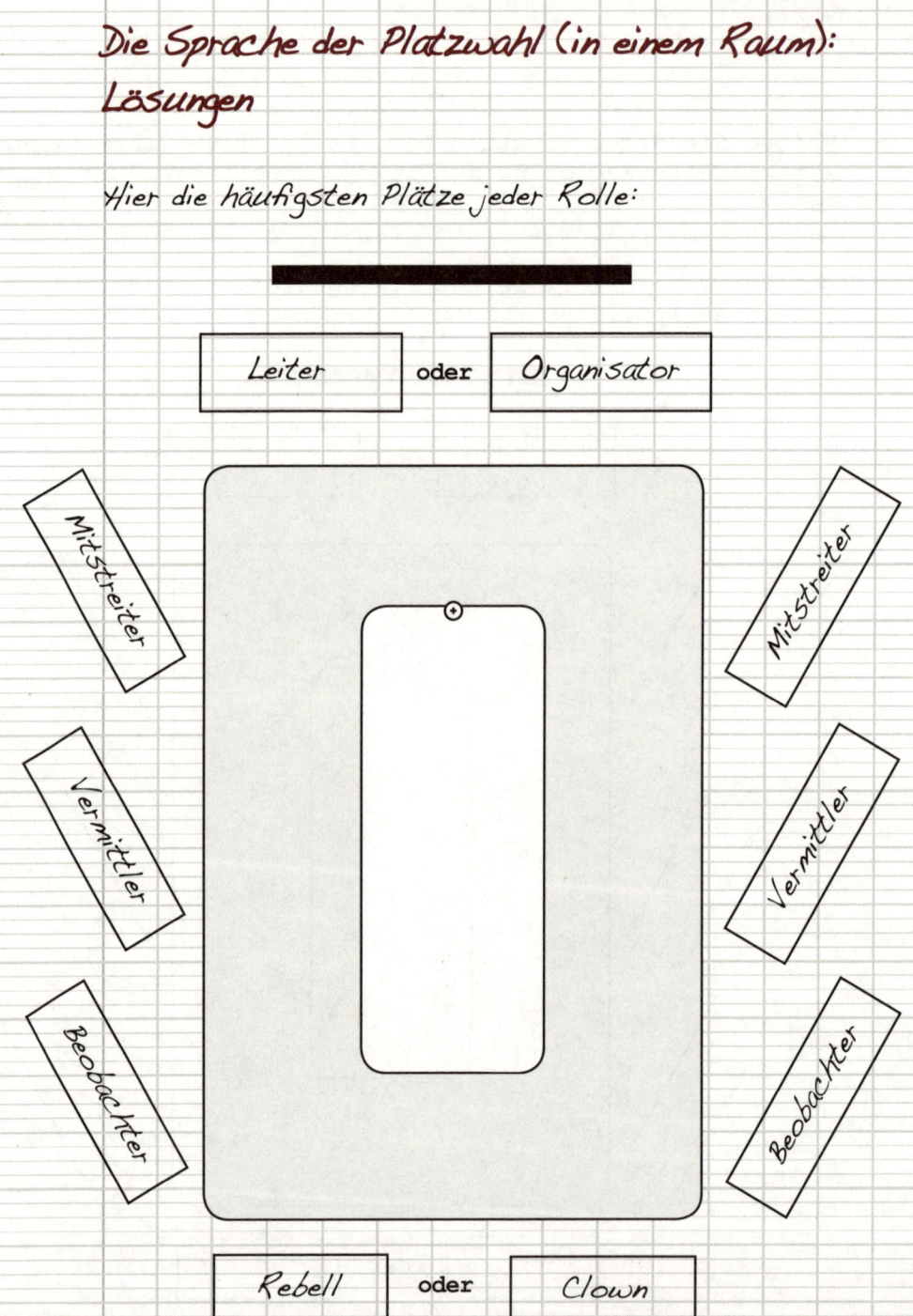

Leiter oder Organisator

Mitstreiter

Mitstreiter

Vermittler

Vermittler

Beobachter

Beobachter

Rebell oder Clown

Die Sprache der Farben

Ordnen Sie die Farben (Weiß, Blau, Grau, Gelb, Braun, Schwarz, Orange, Rosa, Rot, Grün und Violett) jeweils ihrer Bedeutung zu.

Geselligkeit, Konformismus, Frieden, Ruhe   *Blau*

Neugier, Habsucht, Kommunikation   ....

Verlangen, Leidenschaft, Selbstsicherheit,
Egoismus   ....

Vitalität, Emotionalität, Geduld,
Hartnäckigkeit   ....

Harmonie, Kunst, Weiblichkeit, Liebe   ....

Kreativität, Originalität, Egozentrik   ....

Spannung, Bedürfnis nach Flucht oder
nach Höherem   ....

Angst, materielle Gier, Sinn für
das Praktische   ....

Bedürfnis nach Sicherheit und Normalität   ....

Einsamkeit, Ehrgeiz, Unzufriedenheit   ....

Neutralität, Frieden, Respekt, Perfektion   ....

51

Die Sprache der Farben: Lösungen

Blau: Geselligkeit, Konformismus, Frieden, Ruhe
Gelb: Neugier, Habsucht, Kommunikation
Rot: Verlangen, Leidenschaft, Selbstsicherheit, Egoismus
Grün: Vitalität, Emotionalität, Geduld, Hartnäckigkeit
Rosa: Harmonie, Kunst, Weiblichkeit, Liebe
Orange: Kreativität, Originalität, Egozentrik
Violett: Spannung, Bedürfnis nach Flucht oder nach Höherem
Braun: Angst, materielle Gier, Sinn für das Praktische
Grau: Bedürfnis nach Sicherheit und Normalität
Schwarz: Einsamkeit, Ehrgeiz, Unzufriedenheit
Weiß: Neutralität, Frieden, Respekt, Perfektion

Die Sprache der Krankheiten

In der ganzheitlichen Medizin geht man davon aus, dass der Gesundheitszustand unseres Körpers bzw. welche Erkrankungen wir zu welcher Zeit bekommen immer auch etwas über unsere innere Verfasstheit aussagt. Können Sie die Bedeutung folgender häufiger Krankheiten entschlüsseln? Verbinden Sie die Erkrankungen und das, wofür sie stehen können, so wie im Beispiel gezeigt:

Mandelentzündung	O	O Mangel an oder Streben nach emotionaler Sicherheit
Magersucht	O	O Schwierigkeiten, die eigenen Probleme zu äußern
Erhöhter Cholesterin-spiegel	O	O Unbewusste Angst vor der Zukunft
Juckreiz	O	O Mangel an Vertrauen, Übermaß an Kontrolle
Diabetes	O	O Unbewusste Angst vor Mangel oder Scheitern
Übergewicht	O	O Probleme, die eigenen Gedanken oder Gefühle anzunehmen
Leberprobleme	O	O Probleme in der Beziehung zur Mutter
Schlaflosigkeit	O	O Hypersensibilität, Ärger-nisse oder Blockaden
Kopfschmerzen	O	O Angst vor Mangel oder Verlust
Kurzsichtigkeit	O	O Explosive oder unter-drückte Wut
Warzen	O	O Beziehungsproblem

Die Sprache der Krankheiten: Lösungen

Hier die richtigen Zuordnungen, wie sie von Experten für die ganzheitliche Betrachtung von Symptomen bzw. Erkrankungen (wie z. B. Michel Odoul) entschlüsselt wurden:

Mandelentzündung: Schwierigkeiten, die eigenen Probleme zu äußern

Magersucht: Probleme in der Beziehung zur Mutter

Erhöhter Cholesterinspiegel: Angst vor Mangel oder Verlust

Juckreiz: Beziehungsproblem

Diabetes: Mangel an oder Streben nach emotionaler Sicherheit

Übergewicht: unbewusste Angst vor Mangel oder Scheitern

Leberprobleme: explosive oder unterdrückte Wut

Schlaflosigkeit: Mangel an Vertrauen, Übermaß an Kontrolle

Kopfschmerzen: Probleme, die eigenen Gedanken und Gefühle anzunehmen

Kurzsichtigkeit: unbewusste Angst vor der Zukunft

Warzen: Hypersensibilität, Ärgernisse oder Blockaden

Die Sprache der Lüge

1) Die Sprache der Lügner

Lügner versuchen, auch ihre nonverbalen Ausdrucksformen bzw. »Sprachen« bewusst zu steuern. Einige davon lassen sich leichter kontrollieren als andere. Welche sind das? Geben Sie den Schwierigkeitsgrad auf einer Skala von 1 (am leichtesten) bis 5 (am schwierigsten) an.

– Der »Look« ....   – Gestik: ....   – Attitüde: ....

– Distanz: ....   – Stimme: ....   – Berührungen: .....

– Gerüche: ....   – Mimik: ....   – Accessoires: .....

– Handlungen: ....

2) Ordnen Sie die Anzeichen der Lüge vom Verlässlichsten bis zum weniger Verlässlichen

...   Verbale Anzeichen (Versprecher, Zusammenhanglosigkeit, Unklarheit …)

...   Nonverbale Anzeichen

...   Verbale und nonverbale Zeichen widersprechen sich

3) Welche 3 Selbstberührungsgesten weisen auf eine Lüge hin?

☐ Sich an der Hand berühren   ☐ Sich am Kinn berühren

☐ Sich an der Nase berühren   ☐ Sich an der Stirn kratzen

☐ Sich an den Hals fassen   ☐ Sich am Mund berühren

4) Ordnen Sie die 3 Gesten nach ihrer Häufigkeit:

1. ....

2. ....

3. ....

Die Sprache der Lüge: Lösungen

1) Die bevorzugten Ausdrucksformen von Lügnern (von der am leichtesten kontrollierbaren bis zur am wenigsten bewusst beeinflussbaren):

1. Der »Look« und Accessoires
2. Auftreten und Mimik
3. Gestik und Stimme
4. Handlungen und interpersonelle Distanz
5. Berührungen und Gerüche

2) Die verlässlichsten Anzeichen einer Lüge sind:

1. Verbale und nonverbale Zeichen widersprechen sich (am häufigsten und vielgestaltigsten)
2. Nonverbale Zeichen
3. Verbale Zeichen (Versprecher, Zusammenhanglosigkeit, Unklarheit ...)

3, 4) Diese 3 Selbstberührungen weisen auf eine Lüge hin:

1. Sich an der Nase berühren
2. Sich am Mund berühren
3. Sich am Kinn berühren

Die Sprache der Verführung

Was sind Ihrer Meinung nach die Anzeichen der Verführung?
Ergänzen Sie ggf. Mann (M) oder Frau (F), wenn es sich um geschlechtsspezifische Zeichen handelt.

Beispiel:

Die Mimik der Verführung: Lächeln

	Frau	Mann
Die Gesten der Verführung:	....	....
Die Körperhaltung der Verführung:	....	....
Die Stimme der Verführung:	....	....
Die Berührung der Verführung:	....	....
Die Düfte der Verführung:	....	....
Der Geschmack der Verführung:	....	....
Der »Look« der Verführung:	....	....
Die Accessoires und Objekte der Verführung:	....	....
Die Handlungen der Verführung:	....	....
Die Distanz der Verführung:	....	....
Die Orte der Verführung:	....	....
Die Farben der Verführung:	....	....

Die Sprache der Verführung: Lösungen

Hier die Zeichen der Verführung:

→ Die Mimik der Verführung: lächelnd, glücklich

→ Die Gesten der Verführung: offen (Arme, Beine ...)

→ Die Haltung der Verführung: »Brust raus, Bauch rein« (F)

→ Die Stimme der Verführung: schmachtend, langsam, tief

→ Die Berührung der Verführung: betont, streichelnd, flüchtig

→ Die Düfte der Verführung: Pheromone und starkes Parfüm

  → Der Geschmack der Verführung: süß

  → Der »Look« der Verführung: kurz, großer Ausschnitt, eng anliegend (F), Jeans und Hemd oder Anzug (M)

→ Die Accessoires und Objekte der Verführung: Schmuck (F), Auto (M)

→ Die Handlungen der Verführung: tanzen (zur Einleitung), sich bewegen

→ Die Distanz der Verführung: immer näher

→ Die Orte der Verführung: informelle soziale Anlässe (z. B. Partys), ruhige Orte mit entspannter Atmosphäre

→ Die Farben der Verführung: lebhaft und anziehend: Rot, Orange, Gelb, Rosa (F)

Die Sprache der Macht

Was sind Ihrer Meinung nach die Zeichen der Macht?

Die Emotion der Macht: ....

Die Körperhaltungen der Macht: ....

Die Schrift der Macht: ....

Die Stimme der Macht: ....

Der »Look« der Macht: ....

Das Attribut der Macht: ....

Die Tiere der Macht: ....

Die Handlungen der Macht: ....

Die Zeit der Macht: ....

Die Distanz der Macht: ....

Der Ort der Macht: ....

Die Farbe der Macht: ....

Die Sprache der Macht: Lösungen

Hier die Zeichen der Macht:

- Die Emotion der Macht: Zorn
- Die Körperhaltungen der Macht: entspannt, Hände auf der Hüfte, »Brust raus«, erhobenes Kinn
- Die Schrift der Macht: unleserlich
- Die Stimme der Macht: tief, laut, klar
- Der »Look« der Macht: nüchtern
- Das Attribut der Macht: Schlüssel
- Die Tiere der Macht: Pferde (Symbol der Aristokratie)
- Die Handlungen der Macht: entscheiden, unterzeichnen, zurechtweisen
- Die Zeit der Macht: verspätet (auf sich warten lassen!)
- Die Distanz der Macht: die größtmögliche
- Der Ort der Macht (in einem Raum): am Kopfende des Tisches
- Die Farbe der Macht: schwarz

Zum Schluss

Wie schon die Psychoanalytikerin Françoise Dolto feststellte: »Alles ist Sprache.« Wir benutzen in der Tat mindestens 23 nonverbale Ausdrucksformen – »Sprachen« – zusätzlich zum gesprochenen Wort. Doch vielleicht haben wir ja noch gar nicht alle entdeckt und eines Tages findet jemand eine weitere, bislang unbekannte Ausdrucksform?

Und wer weiß, vielleicht werden Wissenschaftler irgendwann herausfinden, dass wir ohne jegliche physisch-stoffliche Unterstützung lediglich mithilfe von Wellen – die wir gar nicht bewusst wahrnehmen – kommunizieren (ein bisschen vergleichbar mit Pheromonen).

Wie dem auch sei, wir wissen jedenfalls, dass unsere Wahrnehmung, so reich sie auch sein mag, begrenzt ist: Wir nehmen weder alle Töne noch alles Licht wahr, und noch viel weniger alle Gerüche. Ameisen hingegen verfügen über einen hoch entwickelten Geruchssinn, der ihnen ermöglicht, sich sowohl im Dunkeln als auch bei Helligkeit zurechtzufinden (manche von ihnen sind vollkommen blind).

Die Kommunikation über chemische Botenstoffe ist auch in der Pflanzenwelt sehr präsent: Bäume nutzen sie, um sich mit ihren Nachbarn zu verständigen bzw. mit diesen um die Vorherrschaft zu kämpfen.

Zu diesem Zweck scheiden sie chemische Produkte aus, die in den Boden sickern.

In der Tat kommuniziert jede Tier- und Pflanzenspezies auf die ihr eigene Art und Weise, mit »Sprachen«, die ihren jeweiligen Bedürfnissen angepasst sind. Wo keine Verständigung mehr möglich ist, ist auch kein Leben mehr möglich. Woraus sich wiederum der Schluss ergibt: Leben heißt kommunizieren ...

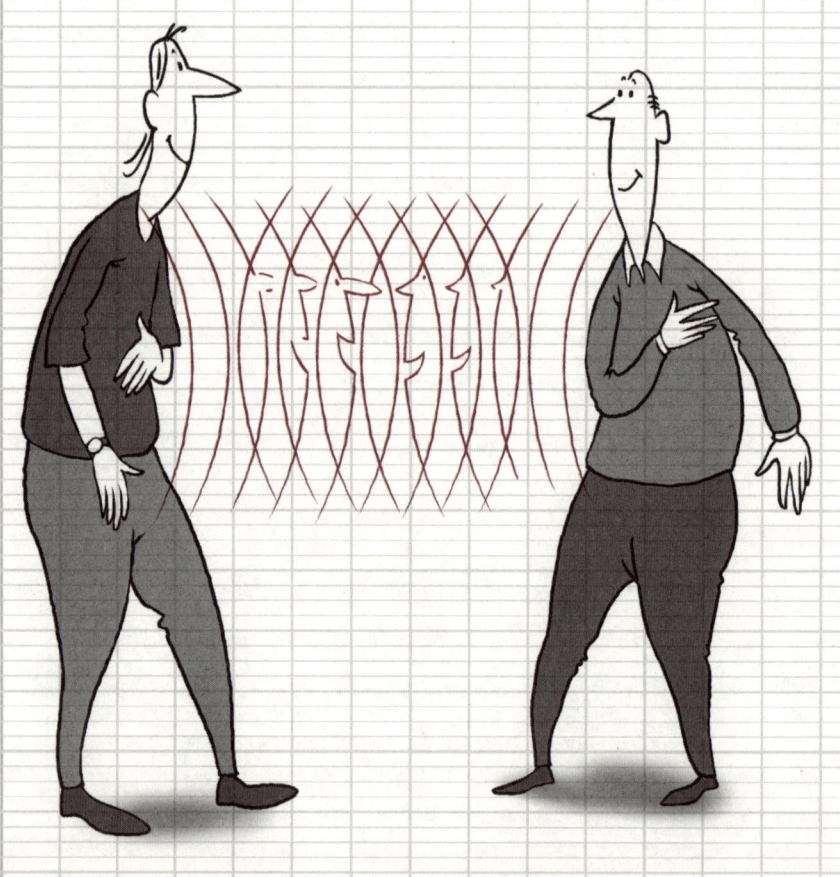

Kleine Taschenbibliothek

Axtell, Roger E.: *Reden mit Händen und Füßen. Körpersprache in aller Welt*, Droemer Knaur: München 1994.

Collett, Peter: *Ich sehe was, was du nicht sagst. So deuten Sie die Gesten der anderen — und wissen, was diese wirklich denken*, Ehrenwirth: Köln ^{3}2004.

Ekman, Paul: *Gefühle lesen. Wie Sie Emotionen erkennen und richtig interpretieren*, übers. von Susanne Kuhlmann-Krieg und Kristina Reiss, Spektrum: München ^{2}2010.

Glass, Lillian: *Ich weiß, was Sie denken! Vier glasklare Methoden, Menschen zu durchschauen*, übers. von Ingrid Kernleitner und Erna Tom, Oesch: Zürich 2009.

Heilmann, Christa M.: *Körpersprache richtig verstehen und einsetzen*, Reinhardt: München 2011.

Molcho, Samy: *Alles über Körpersprache. Sich selbst und andere besser verstehen*, Mosaik: München 2002.

Morris, Desmond: *Bodytalk. Körpersprache, Gesten und Gebärden*, Heyne: München 1997.

Nierenberg, Gerard: *Wer sieht, kann erkennen. Dein Gegenüber, ein offenes Buch*, Scherz: München 1972.

Pease, Allan und Barbara: *Die kalte Schulter und der warme Händedruck. Ganz natürliche Erklärungen für die geheime Sprache unserer Körper*, Ullstein TB: Berlin 2006.

Verra, Stefan: *Hey, dein Körper spricht! Worum es bei Körpersprache wirklich geht*, Edel: Hamburg 2015.

Wirth, Bernhard P.: *Alles über Menschenkenntnis, Charakterkunde und Körpersprache. Von der Kunst mit Menschen richtig umzugehen*, MVG: München ^{9}2011.

DAS KLEINE
ÜBUNGSHEFT

Willkommen in der
Bibliothek der guten Gefühle

**Entdecken Sie viele weitere Themen
aus der charmanten Bestseller-Reihe.**

Abonnieren Sie unseren Newsletter und erhalten
Sie die aktuellsten Informationen aus den Bereichen
Lebenskunst, persönliche Entwicklung, Erfolg
und Sexualität.

Einmal pro Woche stellen wir Ihnen eines der **kleinen
Übungshefte** mit einer Übung der Woche genauer vor.

Alle Hefte können Sie — innerhalb Deutschlands
versandkostenfrei — direkt auf der Website bestellen.

www.die-kleinen-uebungshefte.de

TRINITY